Las formas de viajar

Miss Tweedy

Dedicado a mis
hijos mayores

ISBN: 978-1-943960-98-9

KoDZo BooKS

Peudo **leer**
y **contar**
las **formas.**

2 rectángulos rojos,

1 círculo amarillo,

2 paralelogramos verdes,

3 círculos negros,

1 triángulo
rojo,

1 triángulo
verde,

y 2
rectángulos negros.

¿Pueden las **formas** hacer **formas?**

Pon **2**
rectángulos
rojos,

con **2**
paralelogramos
verdes,

más 1
triángulo
verde,

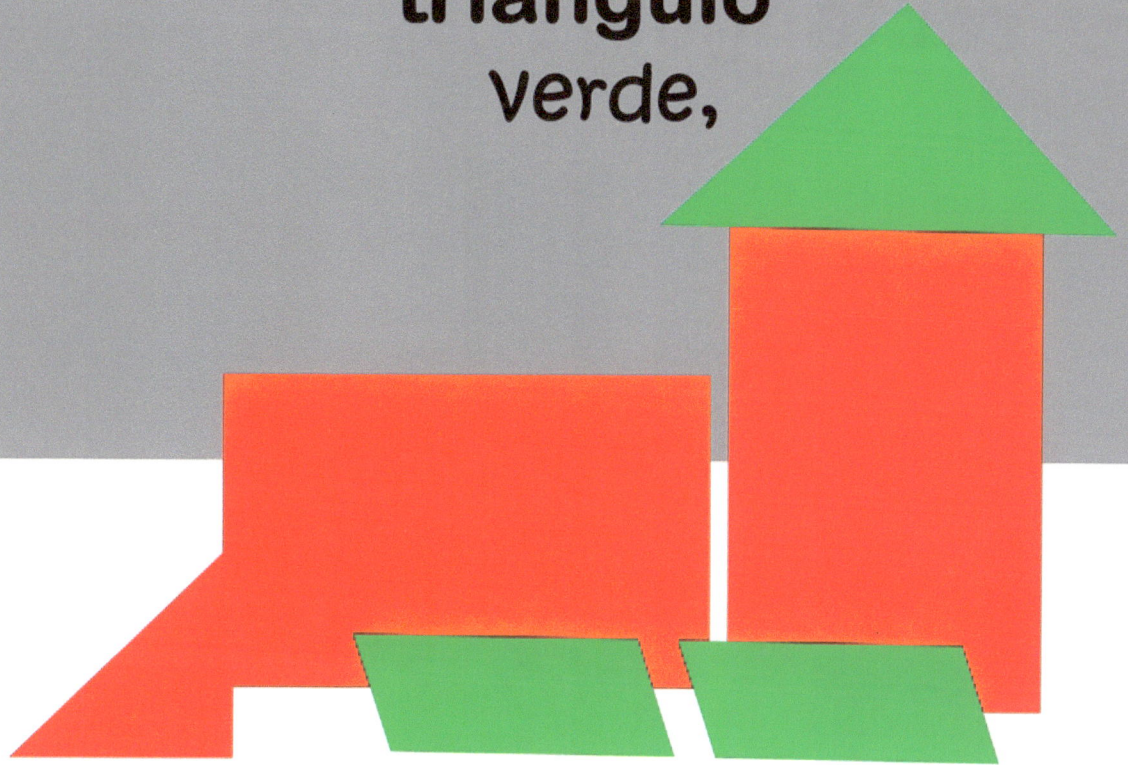

y **1 triángulo**
rojo,

con **2**
rectángulos negros,

más **1**
círculo
amarillo,

y 3
círculos
negros,

¡Sí!

Las **formas** crearon
un **tren**.

¿Pueden las mismas **formas** crear una nueva **formas**?

Pon **1 círculo** amarillo,

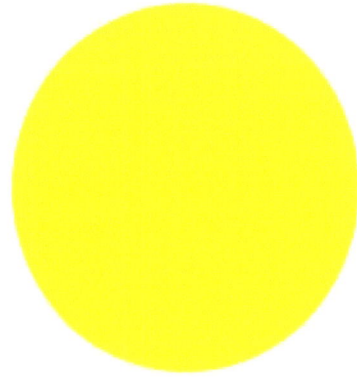

con **2 paralelogramos** verdes,

y **1 triángulo** verde,

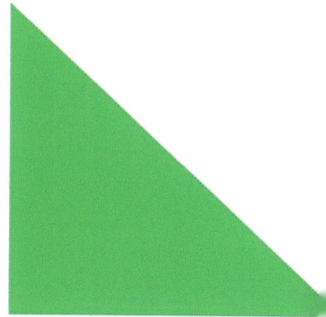

más **1**
triángulo
rojo,

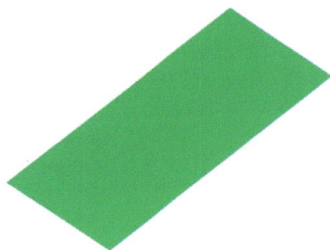

con **2**
rectángulos
rojos,

más **3**
círculos
negros,

y **2**
rectángulos negros.

¡Sí!

¡Sí!

¡Nieeerm!

Las formas crearon un avión.

¿Pueden las **formas** crear una **formas** más?

Pon **3** **círculos** negros,

con **1 círculo** amarillo,

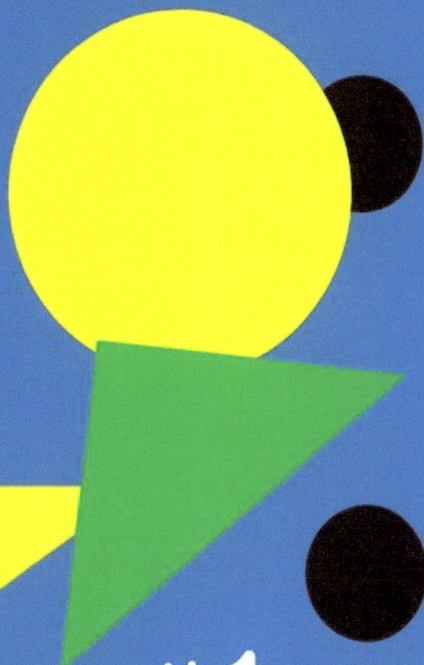

y **1 triángulo** verde,

más **1**
triángulo
rojo,

con **2**
rectángulos
rojos,

más 2 paralelogramos verdes,

y 2
rectángulos
negros.

¡Sí!

¡Sí!

¡Sí!

Las **formas** crearon un **cohete.**

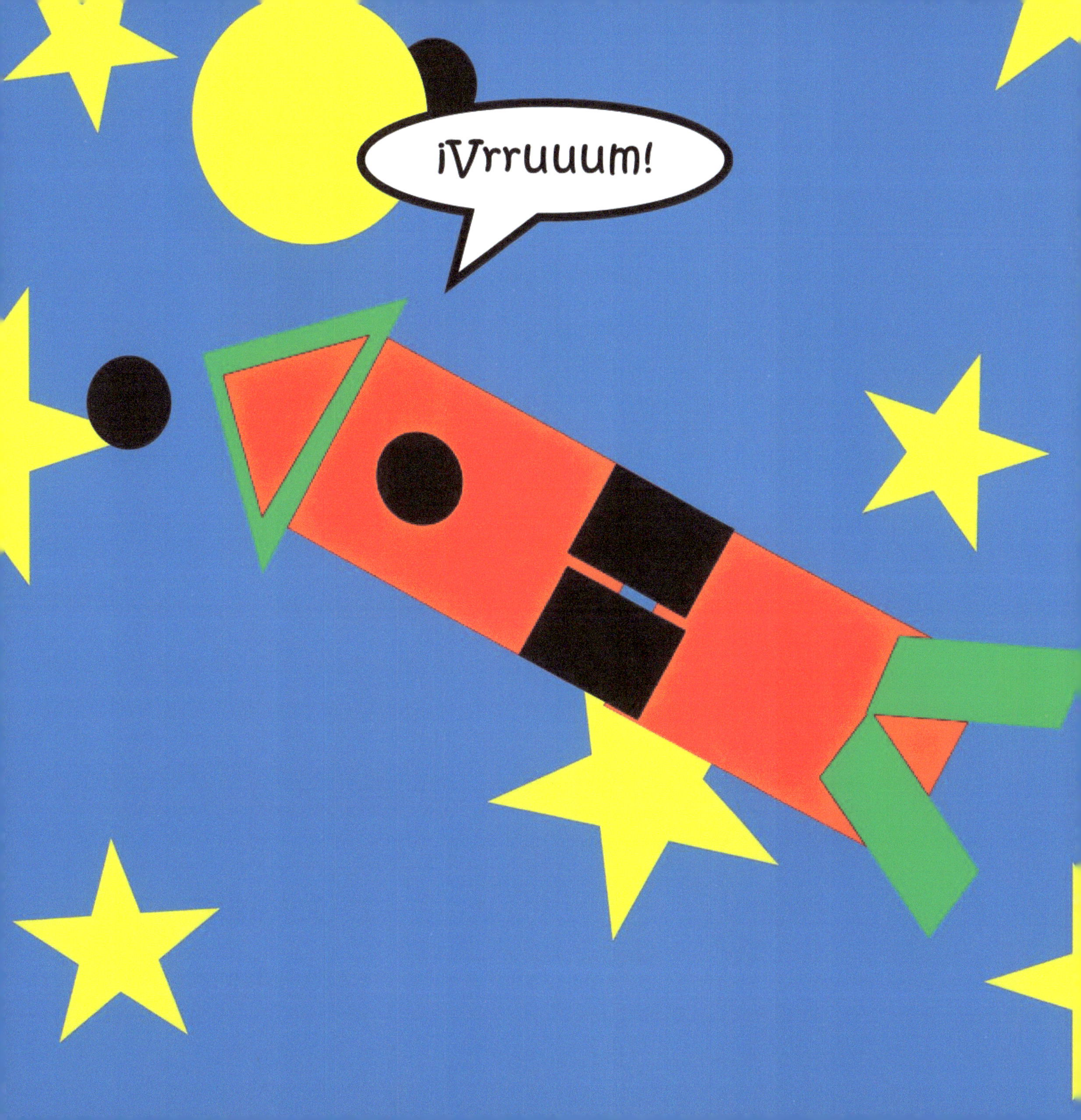
¡Vrruuum!

¿Qué formas

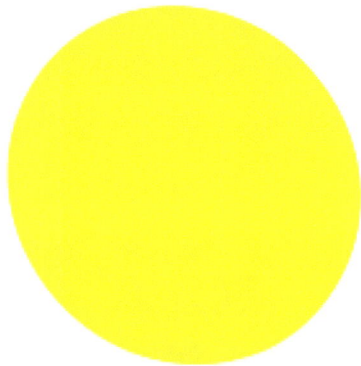

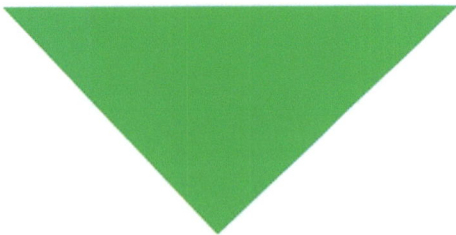

puedes crear?

2
rectángulos rojos

3 **círculos** negros

1 **círculo** amarillo

2 paralelogramos
verdes

2 rectángulos
negros

1 triángulo rojo

1 triángulo verde

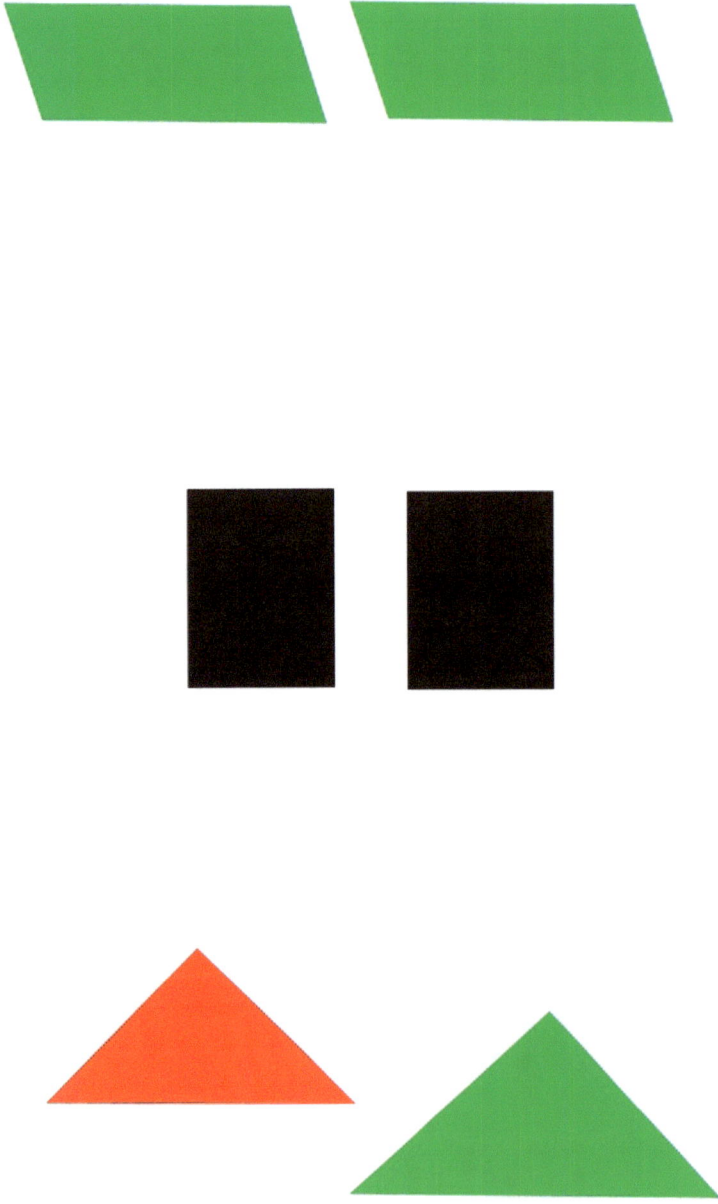

Sugerencia para los padres y maestros:

Recorte las figuras y póngalas en una bolsa de plástico con cremallera entonces engrape la bolsa a la última página para su uso futuro.

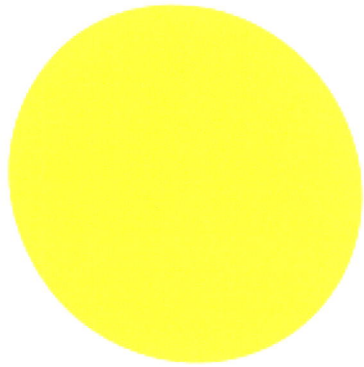

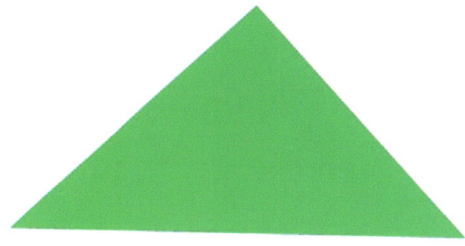

Pruebe nuestra otra serie de libros interactivos.

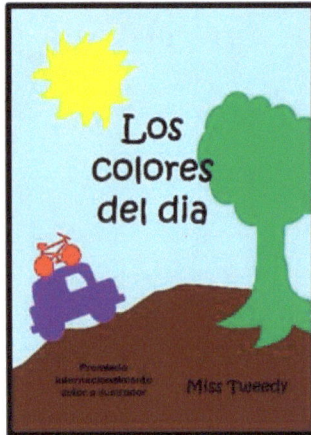

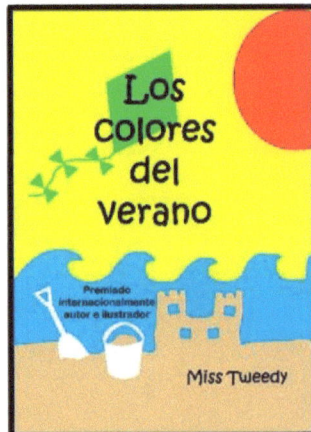

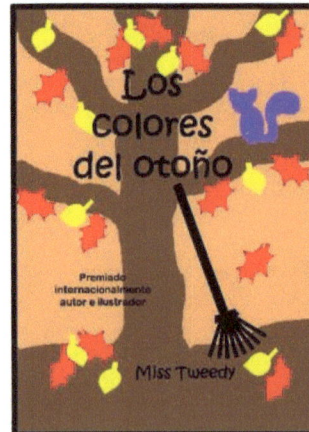

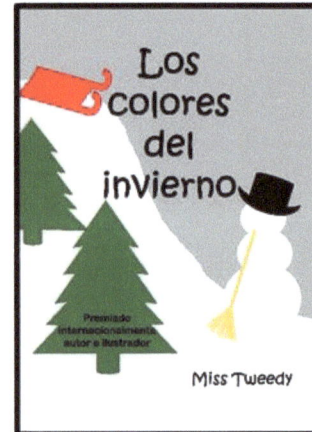

Los colores del dia
Premiado internacionalmente autor e ilustrador
Miss Tweedy

Los colores de la noche
Premiado internacionalmente autor e ilustrador
Miss Tweedy

Los colores de la primavera
Premiado internacionalmente autor e ilustrador
Miss Tweedy

Los colores del verano
Premiado internacionalmente autor e ilustrador
Miss Tweedy

Los colores del otoño
Premiado internacionalmente autor e ilustrador
Miss Tweedy

Los colores del invierno
Premiado internacionalmente autor e ilustrador
Miss Tweedy

Disponible en **libros electrónicos** y **libros** en rústica en inglés, español y francés.

La página de actividades en PDF para este libro también está disponible en www.kodzobooks.com

¡Gracias!

El mejor regalo que puedes darle a un autor es una revisión honesta en Amazon, Goodreads, Facebook o cualquier otro sitio de libros que elijas. Esto realmente ayuda a que los libros de calidad lleguen a las manos de otros lectores.

Si desea recibir actualizaciones por correo electrónico y ofertas especiales de Kodzo Books, regístrese en:

www.KodzoBooks.com

www.ingramcontent.com/pod-product-compliance
Lightning Source LLC
Chambersburg PA
CBHW042102040426
42448CB00002B/105